O ESPÍRITO
faz novas todas as coisas

Ivone Brandão

O ESPÍRITO
faz novas todas as coisas

NOVENA AO ESPÍRITO SANTO

Dados Internacionais de Catalogação na Publicação (CIP)
(Câmara Brasileira do Livro, SP, Brasil)

Oliveira, Ivone Brandão de, 1944
O espírito faz novas todas as coisas : novena ao Espírito Santo /
Ivone Brandão. – 1. ed. – São Paulo : Paulinas, 2021.
80 p.

ISBN 978-65-5808-032-9

1. Espírito Santo - Orações e devoções I. Título

20-3645 CDD 242.72

Índice para catálogo sistemático:

1. Espírito Santo – Novena   242.72

Angélica Ilacqua – Bibliotecária – CRB-8/7057

1ª edição – 2021

Direção-geral: *Flávia Reginatto*
Editora responsável: *Marina Mendonça*
Copidesque: *Mônica Elaine G. S. da Costa*
Coordenação de revisão: *Marina Mendonça*
Revisão: *Sandra Sinzato*
Gerente de produção: *Felício Calegaro Neto*
Capa e diagramação: *Tiago Filu*

Nenhuma parte desta obra poderá ser reproduzida ou transmitida
por qualquer forma e/ou quaisquer meios (eletrônico ou mecânico,
incluindo fotocópia e gravação) ou arquivada em qualquer sistema ou
banco de dados sem permissão escrita da Editora. Direitos reservados.

Paulinas
Rua Dona Inácia Uchoa, 62
04110-020 – São Paulo – SP (Brasil)
Tel.: (11) 2125-3500
http://www.paulinas.com.br – editora@paulinas.com.br
Telemarketing e SAC: 0800-7010081
© Pia Sociedade Filhas de São Paulo – São Paulo, 2021

Sumário

Apresentação 7

Orientações para preparar a novena 9

1º dia O Espírito presente em todo o universo 11

2º dia O Espírito de Deus presente na História 19

3º dia O Espírito está sobre o escolhido de Deus 25

4º dia O céu se rasga e o Espírito desce sobre Jesus 31

5º dia O Espírito nos ajuda a vencer as tentações 37

6º dia O Espírito de Deus e a missão de Jesus Cristo 43

7º dia O Espírito de Deus na comunidade cristã 49

8º dia O Espírito de Deus na abertura além-fronteiras 55

9º dia Celebração comunitária: nós e o Espírito
ao redor da mesa 61

Referências bibliográficas 75

Apresentação

A novena do Espírito Santo é momento privilegiado para contemplar o amor misericordioso de Deus por nós. É tempo oportuno para retomar as promessas feitas por Deus a nossos ancestrais da fé, conforme nos dizem as Escrituras. É ocasião propícia para reavivar a fé, realimentar a esperança e consolidar o amor em nossas relações com Deus e com os irmãos e irmãs.

A novena aqui apresentada tem por objetivo favorecer o momento de preparação para a festa de Pentecostes. Ela procura retomar a ação do Espírito no cosmo, na História, na vida do povo de Israel e de Jesus, bem como na comunidade primitiva.

Os encontros são diários e têm uma estrutura comum, mas cada dia com conteúdo próprio.

A fim de aprofundar a fé e alimentar a esperança, a Palavra de Deus perpassa todos os encontros. E para consolidar o amor em nossas relações, é proposto um momento de reflexão, com uma pergunta orientadora, seguida de uma partilha de vida.

Para o último dia da novena, é proposta uma celebração do encontro ao redor da mesa, com uma confraternização na qual é servido um lanche ou jantar. O momento é significativo porque faz memória da celebração que possui raiz na cultura dos camponeses e passa pela tradição judaica, a festa cristã de Pentecostes, que chegou até nós. O fato de celebrar ao redor da mesa quer lembrar a prática de Jesus, que se serviu da mesa como espaço para revelar a importância da convivência, da partilha, da amizade como sinais do Reino.

Orientações para preparar a novena

- Ler o texto com antecedência, a fim de providenciar o necessário para o momento celebrativo: velas, escolha dos leitores etc.
- Verificar se os cantos são adequados para os temas do dia e se a comunidade os conhece.
- Verificar também se a pergunta feita para a partilha é adequada ou pode ser outra, segundo a necessidade da comunidade.
- Para o último encontro, se a comunidade concordar em celebrar ao redor da mesa, preparar o local como para um dia de festa: toalhas, velas, taças, pratos, pão, vinho, as diferentes ofertas etc.

1º dia

O Espírito presente em todo o universo

1. Acolhida

Dirigente: Queridos irmãos e irmãs, queremos hoje começar nossa novena ao Espírito Santo, em preparação à festa de Pentecostes, procurando aprofundar a missão da Terceira Pessoa da Trindade em sua atuação no mundo, na História, na Igreja e em nossas vidas. A fundamentação será basicamente bíblica, com partilhas de nossas experiências. Abramos nossos ouvidos e nosso coração para acolher o que o Senhor irá nos falar.

Iniciemos nossa novena invocando a Trindade Santa e, em seguida, o canto de abertura.

Em nome do Pai... (pode ser cantado)

2. Abertura

– Verdadeiramente ressurgiu Jesus!
Cantemos aleluia! Resplandece a luz!

– Venham, ó nações, ao Senhor cantar,
ao Deus do universo venham festejar!

– Seu amor por nós, firme para sempre,
sua fidelidade dura eternamente!

– Venham e cantemos com muita alegria,
Espírito divino brilhou neste dia!

(acendem-se as velas)

– O amor de Deus em nós derramado,
qual Mãe consoladora, já nos foi doado.

– Tua luz, Senhor, clara como o dia,
é chama que incendeia e traz alegria.

(oferta-se incenso ou ervas cheirosas)

– Suba nosso incenso a ti, ó Senhor,
nesta vigília santa, oferta de amor!

– Nossas mãos orantes, para os céus subindo,
cheguem como oferenda ao som deste hino!

– Glória ao Pai e ao Filho e ao Santo Espírito!
Glória à Trindade Santa, glória ao Deus bendito!

– Aleluia, irmãs, aleluia, irmãos!
Suba do mundo inteiro a Deus louvação!

Dir.: O mundo está cheio do Espírito. Nas línguas semitas, a raiz verbal de *ruah* (espírito) primariamente significava "espaço atmosférico" entre o céu e a terra, podendo ser calmo ou agitado. Em seus desdobramentos, a palavra designa "espaço vital". Assim, *ruah* significa o "ambiente vital" onde o ser humano e os animais, e qualquer outro ser, bebe a vida. A forma mais palpável da presença da vida é feita pela *respiração*. Por isso, *ruah* significa "sopro vital"; é *o vento*, seja na forma de brisa leve, seja na forma de vendaval. *O vento (ruah) é o Espírito.*

Todos: O vento sopra onde quer, e ouves o seu ruído, mas não sabes de onde vem nem para onde vai. Assim acontece com todo aquele que nasceu do Espírito (Jo 3,8).

Leitor 1: O Espírito é força, é sopro que criou e ordenou o universo (Gn 1,2). O sopro divino se identifica com sua Palavra porque provém do íntimo de Deus.

T: Um sopro de Deus agitava a superfície das águas. Deus disse: "Haja luz", e houve luz (Gn 1,1-2).

Leitor 2: O espírito humano é uma força de comunicação, de socialização, e desencadeia um nó de relações de uns com os outros, para que vivam em reciprocidade e complementaridade.

Leitor 3: O espírito humano é uma força que dá significado às coisas, capaz de simbolizar, acrescentar algo a tudo o que se vê, para melhorar a comunicação e revelar o que parece oculto.

T: O espírito humano é uma força de transcendência que nunca pode ficar fechada ou enquadrada em uma estrutura.

Dir.: Deus é Espírito, do qual brota a vida, a comunicação, a transcendência. A compreensão de Deus como Espírito encaminha nossa experiência para a vida, para o jogo das relações, da subjetividade e da criatividade. Cantemos.

3. Canto: "Vinde, Espírito de Deus, e enchei os corações..."

4. Oração bíblica

Dir.: Rezemos o Salmo 33(32), em coros alternados, louvando ao Deus Criador por sua presença em toda a criação:

T: Tu és digno, Senhor nosso Deus, de receber a honra, a glória e a majestade, porque criaste todas as coisas, e por tua vontade é que existem e foram criadas.

L1: Vamos! Louvai o Senhor com todo entusiasmo!

Todos os fiéis e justos, vinde participar desta celebração, agradecei e bendizei ao Senhor, entoando belas canções nos vossos instrumentos.

Cantai um canto novo e tocai com arte as melodias da nossa louvação.

L2: Porque a Palavra do Senhor é segura e firme, como todas as suas obras.

O Senhor ama a justiça e o direito, e seu amor fiel enche a vastidão da terra!

Sua Palavra, sopro de sua boca, criou o céu e todas as estrelas, represou o mar dentro dos seus limites e dominou as forças ameaçadoras da natureza.

L1: Assim, diante do Senhor, tema a terra inteira, recuem de medo os seus habitantes, pois basta ele falar ou dar uma ordem para que a coisa exista e se realize.

O Senhor pode arruinar os projetos dos homens e frustra os planos dos povos.

Só o plano do Senhor tem firmeza para sempre; o projeto que ele fez atravessa os tempos.

Feliz a nação cujo Deus é o Senhor, e o escolhe como sua herança.

**T: Tu és digno, Senhor nosso Deus,
de receber a honra, a glória e a majestade,
porque criaste todas as coisas,
e por tua vontade é que existem e foram criadas.**

Dir.: A beleza da criação, cantada no Salmo 33(32), é oposta à narrativa do profeta Ezequiel. O exílio da Babilônia resultou num desastre ecológico em Israel, pela devastação feita pela guerra e pela escravidão na terra pelo poder opressor. O povo sente-se como um cemitério. Seus ossos estão secos e não existe mais esperança. No entanto, a Palavra do Senhor chega pela boca do profeta, dizendo que o Espírito transformará essa realidade caótica.

5. Leitura bíblica: Ez 37,1-14

Dir.: O papa Francisco, na sua Carta Encíclica *Laudato Si'*, n. 13, nos diz: "O urgente desafio de proteger a nossa casa comum inclui a preocupação de unir toda a família humana na busca de um desenvolvimento sustentável e integral, pois sabemos que as coisas podem mudar. O Criador não nos abandona, nunca recua no seu projeto de amor, nem se arrepende de nos ter criado. A humanidade possui ainda a capacidade de colaborar na construção da nossa casa comum. Desejo agradecer, encorajar e manifestar apreço a quantos, nos mais variados setores da atividade humana, estão trabalhando para garantir a proteção da casa que partilhamos. Uma especial gratidão é devida àqueles que lutam, com vigor, por resolver as dramáticas consequências da degradação ambiental na vida dos mais pobres do mundo. Os jovens exigem de nós uma mudança; interrogam-se como se pode pretender construir um futuro melhor sem pensar na crise do meio ambiente e nos sofrimentos dos excluídos".

6. Partilha da vida

Dir.: Olhemos para a vida de nosso planeta, para a vida das pessoas e do nosso mundo. Partilhemos nossas preocupações com as situações que revelam o desrespeito pela vida, mas também os sinais de esperança que aparecem no meio do caos. (Partilha com a palavra livre)

7. Preces comunitárias

Dir.: Façamos nossa a oração cristã sobre a criação, rezando em coros alternados:

T: Nós vos louvamos, Pai, com todas as vossas criaturas, que saíram da vossa mão poderosa. São vossas e estão repletas da vossa presença e da vossa ternura.

– Louvado sejais, Filho de Deus, Jesus! Por vós foram criadas todas as coisas. Fostes formado no seio materno de Maria, fizestes parte desta terra e contemplastes este mundo com olhos humanos. Hoje, estais vivo em cada criatura com vossa glória de ressuscitado.

– Louvado sejais, Espírito Santo, que, com vossa luz, guiais este mundo para o amor do Pai e acompanhais o gemido da criação! Vós viveis também no nosso coração a fim de nos impelir para o bem.

– Louvado sejais, Senhor Deus, Uno e Trino, comunidade estupenda de amor infinito! Ensinai-nos a contemplar-vos na beleza do universo, onde tudo nos fala de vós.

T: Despertai nosso louvor e nossa gratidão por cada ser que criastes. Dai-nos a graça de nos sentirmos intimamente unidos a tudo que existe.

– Deus de amor, mostrai-nos nosso lugar neste mundo como instrumentos do vosso carinho por todos os seres desta terra, porque nem um deles sequer é esquecido por vós.

– Iluminai os donos do poder e do dinheiro para que não caiam no pecado da indiferença, amem o bem comum, promovam os fracos e cuidem deste mundo que habitamos.

T: Os pobres e a terra estão bradando: "Senhor, tomai-nos sob o vosso poder e a vossa luz, para proteger cada vida, para preparar um futuro melhor, para que venha o vosso Reino de justiça, paz, amor e beleza. Louvado sejais!". Amém.

8. Pai-Nosso

9. Bênção final

O Senhor nos abençoe e nos guarde, (*bis*)
volte seu rosto pra nós e nos dê a paz! (*bis*)
Que ele faça seu rosto brilhar sobre nós! (*bis*)
Que ele se compadeça de nós! (*bis*)

10. Canto final

2º dia

O Espírito de Deus presente na História

1. Acolhida

Dir.: Bem-vindos, irmãos e irmãs, ao segundo dia de nossa novena de Pentecostes. Hoje vamos aprofundar a presença do Espírito divino na história não só do povo de Deus como também de toda a humanidade.

Retomando as Escrituras, a constatação que fazemos é de que ninguém viu a Deus, mas ele se manifesta como Palavra que se revela na História e na vida das pessoas. Ele é sensível aos acontecimentos e se revela por meio deles como Palavra que nos desafia e convoca.

Iniciemos nossa celebração invocando a Trindade, cantando:

Em nome do Pai...

2. Abertura

— Verdadeiramente ressurgiu Jesus!
Cantemos aleluia! Resplandece a luz!

— Venham, ó nações, ao Senhor cantar,
ao Deus do universo venham festejar!

— Seu amor por nós, firme para sempre,
sua fidelidade dura eternamente!

— Venham e cantemos com muita alegria,
Espírito divino brilhou neste dia!

(acendem-se as velas)

– O amor de Deus em nós derramado,
qual Mãe consoladora, já nos foi doado.

– Tua luz, Senhor, clara como o dia,
é chama que incendeia e traz alegria.

(oferta-se incenso ou ervas cheirosas)

– Suba nosso incenso a ti, ó Senhor,
nesta vigília santa, oferta de amor!

– Nossas mãos orantes, para os céus subindo,
cheguem como oferenda ao som deste hino!

– Glória ao Pai e ao Filho e ao Santo Espírito!
Glória à Trindade Santa, glória ao Deus bendito!

– Aleluia, irmãs, aleluia, irmãos!
Suba do mundo inteiro a Deus louvação!

Dir.: Santo Irineu afirma que nosso Deus é um Deus que age com duas mãos. Deus age para libertar seu povo por meio de suas duas mãos, que são o Filho e o Espírito Santo. Deus é ação. Ele age no mundo. Agiu no passado e age no presente. O Espírito é enviado para agir e transformar. Ele penetra na ação humana em favor da vida e da liberdade.

L1: O povo cresce porque o Espírito faz surgir novos fragmentos de esperança.

L2: Não é o antigo que absorve o novo, mas o novo que assimila o antigo.

T: O Espírito multiplica a ação do Cristo conforme a extensão da diversidade humana. O Espírito reinventa e cria.

L1: O ponto de partida da ação não é a natureza, mas o mal e o pecado do mundo e a libertação do Pai. A ação se manifesta na luta do Espírito contra o pecado.

L2: A ação humana descobre uma nova resposta, num movimento de liberação que é ao mesmo tempo libertação de si, dos outros e do mundo, envolvendo-nos para o bem.

T: A ação provém de uma rejeição do mundo atual e de uma esperança num outro mundo prometido por Deus.

L1: A ação exige discernimento. O discernimento consiste em perceber os sinais dos tempos, avaliar as forças presentes, formular um ato específico, adaptado à circunstância atual, que é única.

L2: O julgamento de Deus se faz em cada ação, no presente.

L1: A ação do Espírito, no discernimento e na ação, é a realidade antecipada do Reino de Deus.

T: É preciso reconhecer a presença do Reino no presente, isto é, na ação atual. Em vez de agir para o futuro, é preciso agir no presente. O Reino de Deus se decide agora, é agora que ele se estabelece.

L3: O Espírito Santo está sempre relacionado ao futuro. Ele vem apresentado como o princípio da nova terra e do novo cosmos. Quando derramado sobre nossa realidade, o "deserto se tornará vergel, e o vergel será uma floresta. No deserto habitará o direito, e a justiça morará no vergel. O futuro da justiça será a paz, e a obra da justiça será a tranquilidade e a segurança para sempre" (Is 32,15-17). O novo homem e a nova mulher surgirão por força do Espírito, que nos religará ao novo Adão, Jesus Cristo (1Cor 12,13), e à nova Eva, Maria (Gn 3,15; Jo 19,17).

Dir.: O Espírito exige que se aceitem os fatos em sua materialidade e brutalidade, assim como também nos obriga a partir em busca das novidades que estão em gestação, os fatos novos. Cantemos.

3. Canto: "Vem, Espírito Santo, vem..."

4. Oração bíblica

Dir.: O discernimento e o agir no presente em vista do Reino de Deus só acontecem sob a ação do Espírito. É o Espírito quem dá sabedoria e lucidez para ver, ponderar e atuar. Rezemos o texto a seguir, inspirado no Livro da Sabedoria 7,1-17, alternando dois coros:

L1: Senhor, meu Deus, eu te peço inteligência! Clamo a ti e espero receber o espírito de sabedoria.

L2: Prefiro a sabedoria divina a cargos e poder; em comparação com ela, as glórias do mundo não valem nada.

L1: A pedra mais preciosa não vale tanto quanto a sabedoria; comparado a ela, todo o ouro do mundo é como um punhado de areia; toda a prata vale menos que o barro.

L2: Amo mais a sabedoria do que a saúde e a beleza; quero tê-la mais do que a luz do sol, pois seu brilho nunca se apaga.

L1: Sei que, com a sabedoria, receberei todas as coisas boas; ela possui riquezas sem fim.

L2: Alegro-me com todas elas, pois foi a sabedoria quem as trouxe; porém, eu não sabia que ela é a mãe de todas as riquezas.

L1: Sem engano, aprendi que é importante partilhar o que aprendi; não quero guardar para mim as riquezas que ela me deu.

L2: A sabedoria é uma riqueza sem fim para os seres humanos; os que conseguem ganhá-la tornam-se amigos de Deus.

L1: Deus permita que eu fale sempre com conhecimento, e que os meus pensamentos sejam dignos dos dons que ele me der.

T: É Deus quem guia a sabedoria, é ele quem corrige os sábios.

L2: Nós e nossas palavras estamos em suas mãos, assim como nossa inteligência e o saber prático.

T: Deus fez-me conhecer claramente tudo que existe e como funcionam o universo e a História. Eu aprendi tanto as coisas já bem conhecidas como as desconhecidas. Quem mo ensinou foi a sabedoria, que criou todas as coisas. Que eu possa partilhar com os irmãos e irmãs tudo que recebi!

Dir.: Falar da ação do Espírito na História para transformá-la remete-nos à prática de Jesus. Ele anunciou que o Reino de Deus está próximo. Essa proximidade faz-se presente nos pequenos gestos de libertação, na humanização e na integração da pessoa humana ao convívio social. O encontro com o outro necessitado transforma-se em apelo do Espírito para nossa ação.

5. Leitura bíblica: Lc 7,18-23

Dir.: Jesus agia sob a ação do Espírito de sabedoria que recebeu de Deus. Ele faz o cego ver, faz o paralítico andar, o mudo falar, cura os leprosos e doentes e anuncia a Boa Notícia aos pobres que não têm mais esperança. Tomando por base o texto que acabamos de ouvir, quais são os sinais que vemos na história do passado e do presente que sinalizam a ação do Espírito?

6. Partilha da vida

7. Preces comunitárias

Dir.: Com grande alegria, celebremos a glória de Deus que derramou seu Espírito em toda a natureza e em toda pessoa. Cheios de entusiasmo, supliquemos a Deus que derrame em nosso coração o seu Espírito maternal, cantando:

T: Envia teu Espírito, Senhor, e renova a face da terra!

– Vós, que no princípio criastes o céu e a terra e, na plenitude dos tempos, recriastes todas as coisas por meio de Jesus Cristo, renovai continuamente, pelo vosso Espírito, a face da terra e salvai a humanidade.

– Vós, que infundistes o sopro da vida no rosto de Adão, enviai vosso Espírito à Igreja para que, vivificada e rejuvenescida, comunique vossa vida ao mundo.

– Iluminai todos os seres humanos com a luz do vosso Espírito e afastai para longe as trevas do nosso tempo, para que o ódio se transforme em amor, o sofrimento em alegria e a guerra em paz.

– Purificai o gênero humano com a água viva do Espírito, que brota do coração de Cristo, e curai as feridas de nossos pecados.

(Preces espontâneas)

8. Pai-Nosso

9. Bênção final

Que o Espírito de sabedoria inunde nossa boca de júbilo e nossa alma de felicidade.

Conceda-nos sempre os dons do deserto: silêncio, confiança e água pura.

Infunda em nós novas energias para dar um rosto de esperança a nosso mundo.

Que a divina luz do Espírito esteja atrás de nós para nos proteger, ao nosso lado para nos acompanhar,
dentro de nós para nos consolar,
à nossa frente para nos guiar e acima de nós para nos abençoar.

10. Canto final

3º dia

O Espírito está sobre
o escolhido de Deus

1. Acolhida

Dir.: Bem-vindos, irmão e irmãs, ao terceiro dia de nossa novena de Pentecostes! Hoje vamos aprofundar a presença do Espírito de Deus na vida de todo aquele que foi escolhido por Deus. Esse tema é muito caro para nós que nos sentimos escolhidas/os por Deus. Sabemos que, desde o início da criação, Deus insufla um hálito de vida sobre o homem (Gn 2,7). Assim, o corpo de Adão era de terra, mas sua alma era um sopro divino, capaz de torná-lo um grande justo, porque em sua alma se encontra a fonte de santidade do próprio Deus. Cantemos e agradeçamos esse grande dom que recebemos de suas mãos generosas.

Em nome do Pai... (pode ser cantado)

2. Abertura

— Verdadeiramente ressurgiu Jesus!
Cantemos aleluia! Resplandece a luz!

— Venham, ó nações, ao Senhor cantar,
ao Deus do universo venham festejar!

— Seu amor por nós, firme para sempre,
sua fidelidade dura eternamente!

– Venham e cantemos com muita alegria,
Espírito divino brilhou neste dia!

(acendem-se as velas)

– O amor de Deus em nós derramado,
qual Mãe consoladora, já nos foi doado.

– Tua luz, Senhor, clara como o dia,
é chama que incendeia e traz alegria.

(oferta-se incenso ou ervas cheirosas)

– Suba nosso incenso a ti, ó Senhor,
nesta vigília santa, oferta de amor!

– Nossas mãos orantes, para os céus subindo,
cheguem como oferenda ao som deste hino!

– Glória ao Pai e ao Filho e ao Santo Espírito!
Glória à Trindade Santa, glória ao Deus bendito!

– Aleluia, irmãs, aleluia, irmãos!
Suba do mundo inteiro a Deus louvação!

Dir.: A revelação do Espírito Santo como uma Pessoa distinta do Pai e do Filho é prenunciada veladamente no Primeiro Testamento. Façamos memória de alguns momentos significativos dessa história, rezando em coros alternados:

L1: O Espírito age na criação. Organiza o cosmos e ordena-o para que a vida do casal humano expresse a imagem de Deus (Gn 1). Liberta da violência para estabelecer no cosmos uma nova criação de paz (Gn 6,3; 9,6-7). Ele vence a confusão de Babel (Gn 11).

L2: O Espírito manifesta-se como força de bênção e de vida que estabelece os pais e mães como as origens e os portadores da promessa de Aliança com o povo (Gn 12; 15; 17).

L1: O Espírito de Deus se manifesta nos acontecimentos e na ação das pessoas.

L2: Ele suscita os juízes, salvadores e protetores do povo em perigo (Jz 3,10; 6,34; 11,29).

L1: Ele dá habilidade ao artista (Ex 31,3; 35,31), o julgamento reto aos juízes (Nm 11,17) e inspira profetas.

T: E, na história do povo, o Espírito vem e manifesta toda sua força de salvação. Ele se revela como Espírito de Iahweh (Is 11,1-9)**, o protetor e o salvador do povo, de geração em geração.**

Dir.: Cantemos, louvando e agradecendo a Deus por seu Espírito entre nós.

3. Canto: "A nós descei, divina luz..."

4. Oração bíblica

Dir.: Façamos do texto de Isaías 11,1-5 nossa oração bíblica. Rezemos em coros alternados:

L1: Um ramo sairá do tronco de Jessé, um rebento brotará de suas raízes. Sobre ele repousará o Espírito do Senhor.

L2: Espírito que dá sabedoria e inteligência, Espírito de conselho e de fortaleza. Espírito que dá conhecimento e temor do Senhor.

L1: No temor do Senhor estará sua inspiração. Ele não julgará pela aparência, nem decidirá com base no que ouviu.

L2: Antes, julgará os fracos com justiça, com equidade pronunciará sentença em favor dos pobres da terra. Ele ferirá a terra com o bastão da sua boca e com o sopro dos seus lábios matará o ímpio.

T: A justiça será o cinto dos seus lombos e a fidelidade, o cinto dos seus rins.

Dir.: O texto que ouviremos agora tem muita semelhança com o que acabamos de rezar. O que chama a atenção é que o Espírito de Iahweh se encontra sobre seu escolhido para realizar uma missão no mundo. Ouçamos!

5. Leitura bíblica: Is 42,1-9

Dir.: Retomemos alguns aspectos da missão daquele que possui o Espírito de Iahweh. Algumas pessoas podem ler espontaneamente os diferentes tópicos:

– O espírito de Deus leva a julgar segundo a verdade, e não pelas aparências e pelos boatos.

– Leva a defender os fracos com justiça, reconhecer o direito de igualdade de cada um.

– A julgar o ímpio por sua palavra, desmascarando sua impiedade.

– A integrar os opostos, a garantir o direito e a libertar a todos e a cada um.

T: Empenhar-se para eliminar todo mal da terra, a fim de que seja regida pelo conhecimento do divino, e trabalhar para trazer o direito às nações.

– Não assustar o pequeno e, por meio de uma voz pacífica, respeitar o fraco.

– Estar a serviço da justiça e garantir a aliança entre os povos, como luz das nações.

– Investir na educação (abrir os olhos dos cegos), libertar das prisões das trevas.

T: Novas coisas aparecerão, melhores que as primeiras.

Dir.: Tendo presentes os textos de Isaías, partilhemos em nossa casa e família, ou em nossa prática, o que percebemos como sinais de que o Espírito do Senhor repousa sobre nós.

6. Partilha da vida

7. Preces comunitárias

Dir.: Rezemos em coros alternados: Pai, que dás o Espírito e jamais recusas o Espírito Santo aos que te pedem, porque és o primeiro a desejar que o recebamos:

– Concede-nos este dom que resume e contém todos os outros; este dom em que encerras todos os segredos de teu amor, toda a generosidade de teus benefícios.

– Este dom que é o próprio dom de teu coração paternal, no qual te entregas a nós.

– Este dom que nos traz tua vida mais íntima para nos fazer viver dela.

– Este dom destinado a ampliar nosso coração nas dimensões universais do teu.

– Este dom capaz de nos transformar de ponta a ponta, de nos curar de nossas fraquezas e de nos divinizar.

– Este dom de tua energia onipotente, indispensável ao cumprimento da missão que nos confias.

– Este dom de tua felicidade no fervor de amar, pois que no Espírito nos vêm ao mesmo tempo o dom da alegria e a alegria da doação.

Dir.: Senhor, que difunde o Espírito, para que em todos possa correr fontes de água viva:

– Cumula-nos deste Espírito para nos comunicar toda a força de tua santidade e de teu amor.

– Faze-o penetrar no íntimo de nós mesmos, para que ele possa purificar-nos e inflamar-nos.

– Por teu Espírito, imprime em nossa alma tua semelhança e forma-nos em tua mentalidade.

– Por teu Espírito, comunica-nos tua Palavra e faze-nos viver a totalidade do Evangelho.

T: Difunde teu Espírito com abundância para que ele possa envolver-nos totalmente na sua caridade. Amém!

8. Pai-Nosso

9. Bênção final

O Senhor nos abençoe! E o seu Espírito
encha nossos pés de dança e nossas mãos de força!
Cumule nossos corações de ternura e nossos olhos de alegria!
Povoe nossos ouvidos de música e nosso nariz de perfume!
Inunde nossa boca de júbilo e nossa alma de prazer!
Conceda-nos os dons do deserto: silêncio,
água pura e confiança!
Inunde-nos sem cessar de seu Espírito!
Cumule-nos de energia para dar rosto à esperança!
O Senhor nos abençoe, agora e sempre!

10. Canto final

4º dia

O céu se rasga e o Espírito desce sobre Jesus

1. Acolhida

Dir.: Queridos irmãos e irmãs, sintam-se todos bem-vindos para mais um dia de novena! Hoje, vamos refletir sobre a vinda do Espírito Santo sobre Jesus. Jesus é o mensageiro de Deus que recebe o Espírito Santo no Batismo e se torna o portador desse mesmo Espírito, trazendo a vida nova do Reino de Deus e a Nova Aliança. Cantemos, louvando nosso Deus.

Em nome do Pai... (pode ser cantado)

2. Abertura

– Verdadeiramente ressurgiu Jesus!
Cantemos aleluia! Resplandece a luz!

– Venham, ó nações, ao Senhor cantar,
ao Deus do universo venham festejar!

– Seu amor por nós, firme para sempre,
sua fidelidade dura eternamente!

– Venham e cantemos com muita alegria,
Espírito divino brilhou neste dia!

(acendem-se as velas)

– O amor de Deus em nós derramado,
qual Mãe consoladora, já nos foi doado.

– Tua luz, Senhor, clara como o dia,
é chama que incendeia e traz alegria.

(oferta-se incenso ou ervas cheirosas)

– Suba nosso incenso a ti, ó Senhor,
nesta vigília santa, oferta de amor!

– Nossas mãos orantes, para os céus subindo,
cheguem como oferenda ao som deste hino!

– Glória ao Pai e ao Filho e ao Santo Espírito!
Glória à Trindade Santa, glória ao Deus bendito!

– Aleluia, irmãs, aleluia, irmãos!
Suba do mundo inteiro a Deus louvação!

Dir.: A vinda do Espírito é anúncio da chegada do Reino de Deus e revelação do dom dos últimos tempos. O Espírito é o dom de Deus para ajudar no momento da crise. Ele é defensor e animador nos momentos que exigem decisões significativas e até radicais. Cantemos, invocando o Espírito. A promessa feita por Deus se encontra em muitos profetas, mas quem o realiza é Jesus. São Basílio, bispo do séc. IV, apresenta um texto significativo para falar que somos escolhidos pelo Batismo e participamos da missão de Jesus. Ouçamos.

L1: O Senhor, que nos concede a vida, estabeleceu conosco a aliança no Batismo, como símbolo da morte e da vida. A água é imagem da morte e o Espírito nos dá o penhor da vida. Pela água destruímos o pecado para que nunca mais produza frutos de morte, e assim somos vivificados pelo Espírito, para darmos frutos de santidade. O Espírito comunica a força vivificante que renova nossas almas, libertando-as da morte do pecado e restituindo-lhes a vida. Nisto consiste o novo nascimento da água e do Espírito: na água realiza-se nossa morte, enquanto o Espírito nos traz a vida.

L2: O Espírito Santo concede-nos entrar no Reino dos céus e voltar à adoção de filhos. Dá-nos a confiança de chamar a Deus nosso Pai, de participar da graça de Cristo, de sermos chamados filhos da luz, de tomar parte na glória eterna; numa palavra, de receber a plenitude de todas as bênçãos tanto na vida presente quanto na futura. Dá-nos ainda contemplar, como num espelho, a graça daqueles bens que nos foram prometidos e que pela fé esperamos usufruir como se já estivessem presentes.

3. Canto: "Senhor e criador, que és nosso Deus..."

4. Oração bíblica

Dir.: Com base em Is 9,1-6 e 2,1-4, rezemos em coros alternados o texto bíblico:

T: O povo que andava nas trevas viu uma grande luz. Uma luz brilhou para os que habitavam uma terra sombria.

L1: Deus transformou suas vidas e eles se alegram muito, como os agricultores que, depois de um período de seca, fizeram uma enorme colheita.

L2: E puderam fazer uma partilha de bens entre familiares e amigos, sem preocupação com os altos impostos.

L1: Porque o jugo que pesava sobre eles, o peso que carregavam nos ombros, o porrete do opressor, Deus despedaçou.

L2: Toda intolerância dos orgulhosos, todo impulso agressivo e desejo de vingança que resultava em sangue derramado, ficaram longe dos homens.

L1: Porque um menino nasceu, um Filho nos foi dado. Ele recebeu o poder sobre seus ombros.

T: O seu nome será: Conselheiro admirável, Deus forte, Príncipe da paz.

L2: Ele nos intruirá a respeito dos seus caminhos e assim andaremos em suas veredas.

L1: Ele corrigirá muitos povos e estes destruirão seus mísseis de guerra, utilizando o dinheiro em favor de instrumentos de trabalho.

L2: Ele consolidará o seu Reino no direito e na justiça.

L1: Uma nação não se levantará contra outra nem se aprenderá a fazer guerra.

T. Vinde todos e andemos na luz do Senhor!

5. Leitura bíblica: Mc 1,1-13

Dir.: A leitura do Evangelho mostra quem é Jesus e qual o poder divino de sua missão.

– *Os céus se abrem* alude a uma súplica feita pelo povo para que Deus fendesse o céu e descesse, a fim de que, diante de sua face, os montes se abalassem (Is 64,1).

– *O Espírito desce sobre...* é uma alusão à mesma oração de Isaías, dizendo que o Espírito de Deus desceu sobre o povo, para conduzi-lo, como pastor, à liberdade (Is 63,11.14) e, assim, formar seu povo (Ex 19,11.18.20).

– *Como uma pomba* revela a pomba como símbolo de Israel, o povo amado (Os 11,11; Sl 68,14), e sinal do fim da desgraça e início de novo tempo (Gn 8,11-12).

– *Dos céus veio uma voz...* faz referência a Isaías (42,1), que manifesta Jesus como Filho de Deus, o Servo de Iahweh, envolvido pelo Espírito para realizar sua missão.

Os sinais elencados mostram que Jesus tem a missão de viver como servo, pastor, libertador e mensageiro de novos tempos. Nós, pelo fato de termos recebido o Espírito no Batismo, participamos da mesma missão de Jesus.

Partilhemos nossa vivência pessoal e comunitária, e como percebemos e vivemos a ação do Espírito Santo em nossa vida.

6. Partilha da vida

7. Preces comunitárias

Dir.: Rezemos, em coros alternados, pedindo ao Espírito de amor que venha sobre nós:

T: Espírito de amor, tu que és amor em toda a tua pessoa, o amor único e ideal, vem transformar toda nossa vida em amor.

– Faze-nos amar à maneira de Deus, que não põe limite algum à abertura de seu coração.

– Ó tu, que és dele o dom integral, faze-nos amar a exemplo do Cristo, que testemunhou à humanidade uma estupenda bondade e ofereceu por ela o sacrifício de sua vida.

– Faze-nos amar com toda a espontaneidade de nosso ser, mas também com a energia espiritual que nos vem de ti.

– Faze-nos amar de modo mais sincero e mais desinteressado, desprendendo-nos totalmente de nossas próprias ambições.

– Faze-nos amar gratuita e voluntariamente, esquecendo o que damos e o que sofremos.

– Faze-nos amar malgrado todas as decepções e ingratidões, amar até o fim, mesmo que nada recebamos em troca.

– Faze-nos amar com incansável paciência, sem nos irritar com os defeitos e os erros do outro.

T: Faze-nos amar e crescer no amor, fazendo-nos descobrir, progressivamente, tudo o que exige o amor perfeito, tal qual tu o realizas. Amém!

8. Pai-Nosso

9. Bênção final

Que Deus, Pai-Mãe de misericórdia, fonte e origem de toda bênção, vos conceda a sua graça, derrame sobre vós as suas bênçãos e vos guarde sãos e salvos. **Amém!**

Que ele vos conserve íntegros na fé, pacientes na esperança e perseverantes até o fim na caridade. **Amém!**

Que ele disponha em sua paz vossos atos e vossos dias, atenda sempre às vossas preces e vos conduza à vida eterna. **Amém!**

E a bênção de Deus todo misericordioso, Pai, Filho e Espírito Santo, desça sobre vós e permaneça para sempre. **Amém!**

10. Canto final

5º dia

O Espírito nos ajuda a vencer as tentações

1. Acolhida

Dir.: Queridos irmãos e irmãs, sejam todos bem-vindos para mais um dia de reflexão sobre o Espírito Santo! Os evangelhos sinóticos narram que, depois de Jesus ser batizado, tendo recebido o Espírito, foi conduzido por ele ao deserto a fim de ser tentado. A cena da tentação mostra que Jesus é o Vencedor de Satanás, do inimigo de Deus. A narrativa se insere no contexto da esperança de que nos tempos messiânicos o espírito do mal seria vencido e conquistado, em um grande combate. Jesus, ao vencer Satanás, garante que também nós podemos vencer as tentações, porque recebemos o Espírito Santo, que nos faz filhos de Deus.

Cantemos, proclamando a força do Espírito que nos liberta de todos os males e nos torna criaturas novas.

Em nome do Pai... (pode ser cantado)

2. Abertura

– Verdadeiramente ressurgiu Jesus!
Cantemos aleluia! Resplandece a luz!

– Venham, ó nações, ao Senhor cantar,
ao Deus do universo venham festejar!

– Seu amor por nós, firme para sempre,
sua fidelidade dura eternamente!

– Venham e cantemos com muita alegria,
Espírito divino brilhou neste dia!

(acendem-se as velas)

– O amor de Deus em nós derramado,
qual Mãe consoladora, já nos foi doado.

– Tua luz, Senhor, clara como o dia,
é chama que incendeia e traz alegria.

(oferta-se incenso ou ervas cheirosas)

– Suba nosso incenso a ti, ó Senhor,
nesta vigília santa, oferta de amor!

– Nossas mãos orantes, para os céus subindo,
cheguem como oferenda ao som deste hino!

– Glória ao Pai e ao Filho e ao Santo Espírito!
Glória à Trindade Santa, glória ao Deus bendito!

– Aleluia, irmãs, aleluia, irmãos!
Suba do mundo inteiro a Deus louvação!

Dir.: Invocar o Espírito sobre nós e sobre a comunidade orante é manifestação de fé e esperança em sua ação sobre nós, dentro de um mundo que nos desafia.

3. Canto ao Espírito Santo

4. Oração bíblica

Dir.: Com base na carta que Paulo escreve aos Romanos, capítulo 8, rezemos em coros alternados, pedindo ao Senhor que nos dê um coração de escuta, para sempre nos dispormos a ouvir sua Palavra, que nos fortalece na luta contra os males que enfrentamos:

T: Não existe mais condenação para aqueles que estão em Cristo Jesus.

L1: A Lei do Espírito da vida em Cristo Jesus nos libertou da lei do pecado e da morte.

L2: Os que vivem segundo a carne desejam as coisas da carne, e os que vivem segundo o espírito, as coisas que são do espírito.

L1: Os que estão na carne não podem agradar a Deus. Vós não estais na carne, mas no espírito, se é verdade que o Espírito de Deus habita em vós.

T: O desejo do espírito é a vida e a paz.

L2: Se o Espírito daquele que ressuscitou Cristo Jesus dentre os mortos habita em vós, aquele que ressuscitou Cristo Jesus também dará vida a vossos corpos mortais, mediante o Espírito que habita em vós.

L1: Todos que são conduzidos pelo Espírito de Deus são filhos de Deus.

L2: Não recebemos um espírito de escravos para recair no temor, mas sim um espírito de filhos adotivos, pelo qual clamamos: "Abbá! Pai!".

T: E, se somos filhos, somos herdeiros; herdeiros de Deus e co-herdeiros de Cristo.

L1: O Espírito socorre nossa fraqueza, pois não sabemos o que pedir como convém; porém, o próprio Espírito intercede por nós com gemidos inefáveis.

L2: Sabemos que Deus coopera em tudo para o bem daqueles que o amam, daqueles que são chamados segundo seu desígnio.

T: Quem nos separará do amor de Cristo? A tribulação, a angústia, a perseguição, a fome, a nudez, os perigos, a espada? Em tudo isso, somos mais que vencedores, graças àquele que nos amou.

Dir.: A cena da tentação é uma concisa catequese para a orientação dos membros da comunidade. Foi oferecido a Jesus tudo o que o diabo tinha para dar. Bastava-lhe renunciar a sua visão do Reino de Deus. As tentações revelam que Jesus defrontou-se com escolhas sobre o sucesso no mundo, a submissão aos poderes dominantes e o uso do poder religioso como prestígio. Jesus, ao rejeitar o modo de viver dos poderes econômicos, políticos e religiosos constituídos, incentiva os fiéis da comunidade a seguir o mesmo caminho.

5. Leitura bíblica: Mt 4,1-11

Dir.: Conduzido pelo Espírito, Jesus enfrenta o senhor da ordem do mundo. O mito do combate apocalíptico começou! No deserto, a luta entre Satanás e o Espírito. Ao longo de sua vida, Jesus afirma claramente que ele age pelo poder do Espírito de Deus. Este Espírito é a fonte de seu poder e de sua autoridade.

– Por meio dos exorcismos, Jesus revela que o Reino de Deus chegou. Quando o Espírito age em Jesus, aí está o Reino de Deus.

– O poder do Espírito se revela não só nos exorcismos, mas também na pregação da Boa Notícia aos pobres (Lc 4,14ss).

– O Reino é o Espírito agindo em Jesus, quando ele abre os olhos dos cegos (Mc 10,46-52) e estes passam a ver que o projeto de Deus é maior que a esmola que a sociedade oferece para manter suas estruturas.

– Jesus cura o paralítico e afirma que a lei e a religião devem estar a serviço da vida, ajudando o povo a caminhar com as próprias pernas. Realiza, assim, o julgamento definitivo da História.

– Jesus ensina que toda autoridade é serviço (Mc 10,35-40) e precisa estar a serviço do povo e da comunidade, os quais não devem procurar poder, prestígio ou dinheiro (Mc 10,25-31).

T: Se é pelo Espírito de Deus que eu expulso os demônios, então o Reino de Deus já chegou para vós (Mt 12,28).

Dir.: Jesus, ao enviar seus discípulos em missão, deu-lhes o poder de expulsar os espíritos malignos. Em nossa atuação como discípulos missionários, quando fizemos a experiência da expulsão de forças malignas pela força do Espírito, gerando a libertação de pessoas?

Partilhemos: o que precisamos expulsar do mundo de hoje para sermos fiéis a Jesus, que eliminou do mundo o mal? Quais são as práticas que devemos assumir?

6. Partilha da vida

7. Preces comunitárias

Dir.: Rezemos em coros alternados:

T: Espírito de fortaleza, és a força divina que nos queres comunicar. Vinde a nós!

– Dá-nos a força moral necessária para responder a todos os teus apelos.

– A força da fé, que adere decididamente ao Senhor, como a verdade em pessoa.

– A força da esperança, que confia plenamente na vitória do Senhor no mundo.

– A força do amor, que não recua diante de nenhum obstáculo para atingir o ser amado.

– A força da generosidade, que não se deixa parar pelas barreiras do egoísmo.

– A força da paciência, que sofre sem queixa e oferece seus sofrimentos para o bem dos mais sofridos.

– A força da sinceridade, que se recusa a abrigar-se por trás de uma fachada e quer agir na claridade de Deus.

– A força da pureza, que domina instintos e paixões e guarda no amor o primado do espiritual.

T: A força da fidelidade, que persevera através de todas as lutas na adesão ao Senhor. Amém!

8. Pai-Nosso

9. Bênção final

Deus, o Pai, nos faça firmes nas provações da vida! **Amém!**

O Filho de Deus nos faça capazes de combater o bom combate! **Amém!**

O Espírito Santo de Deus nos faça fiéis até o fim! **Amém!**

Abençoe-nos o Deus todo amoroso, Pai, Filho e Espírito Santo! **Amém!**

10. Canto final

6º dia

O Espírito de Deus
e a missão de Jesus Cristo

1. Acolhida

Dir.: Queridos irmãos e irmãs, sejam todos bem-vindos a nossa novena! Daremos hoje um novo passo para compreender por quais caminhos o Espírito conduz aqueles que o recebem.

Livre das tentações e decidido a viver a Palavra do Pai, Jesus é conduzido pelo Espírito para rezar junto com o povo na sinagoga de Nazaré. A importância desse momento é a leitura e a interpretação feitas por Jesus, ao escolher um texto do profeta Isaías para explicar a missão à qual foi chamado. Somente Lucas introduz a missão de Jesus com tal acontecimento.

Em nome do Pai... (pode ser cantado)

2. Abertura

> – Verdadeiramente ressurgiu Jesus!
> Cantemos aleluia! Resplandece a luz!

> – Venham, ó nações, ao Senhor cantar,
> ao Deus do universo venham festejar!

> – Seu amor por nós, firme para sempre,
> sua fidelidade dura eternamente!

> – Venham e cantemos com muita alegria,
> Espírito divino brilhou neste dia!

> (acendem-se as velas)

– O amor de Deus em nós derramado,
qual Mãe consoladora, já nos foi doado.

– Tua luz, Senhor, clara como o dia,
é chama que incendeia e traz alegria.

(oferta-se incenso ou ervas cheirosas)

– Suba nosso incenso a ti, ó Senhor,
nesta vigília santa, oferta de amor!

– Nossas mãos orantes, para os céus subindo,
cheguem como oferenda ao som deste hino!

– Glória ao Pai e ao Filho e ao Santo Espírito!
Glória à Trindade Santa, glória ao Deus bendito!

– Aleluia, irmãs, aleluia, irmãos!
Suba do mundo inteiro a Deus louvação!

Dir.: Lucas é o evangelista do Espírito. Tanto o Evangelho como os Atos dos Apóstolos são marcados pela presença dele. Maria concebeu pelo Espírito Santo e Jesus marcará toda sua vida com a presença atuante dele em todos os momentos de sua existência. Ao ler sobre sua missão na sinagoga de Nazaré, Jesus revelou a consciência do que isso significava no meio de seu povo.

3. Canto ao Espírito Santo

4. Oração bíblica

Dir.: Nossa oração bíblica é uma profecia de Isaías (40,1-11), a qual é pronunciada no tempo em que o povo estava no exílio. Depois de quase cinquenta anos, o povo não tinha mais esperança de mudança de situação e, nesse momento, Deus pede ao profeta que anuncie sua Palavra. Rezemos em coros alternados e iniciemos dizendo juntos:

T: "Consolai, consolai o meu povo", diz o vosso Deus.

L1: Falai benignamente a Jerusalém e bradai-lhe que a sua malícia já é acabada, que a sua iniquidade está expiada e que já recebeu em dobro da mão do Senhor por todos os seus pecados.

L2: Eis a voz do que clama: "Preparai no deserto o caminho do Senhor; endireitai no ermo uma estrada para o nosso Deus.

L1: Todo vale será entulhado, e serão abatidos todo monte e todo outeiro; e o terreno escarpado será nivelado, e o que é escabroso, aplainado.

T: A glória do Senhor se revelará; e toda a carne juntamente a verá; pois a boca do Senhor o disse".

L2: Uma voz diz: "Clama". Respondi eu: "Que hei de clamar?". "Toda a carne é erva, e toda a sua beleza, como a flor do campo.

L1: Seca-se a erva, e murcha a flor, soprando nelas o hálito do Senhor. Na verdade, o povo é erva.

L2: Seca-se a erva, e murcha a flor; mas a palavra de nosso Deus subsiste eternamente".

Dir.: Tu, anunciador de boas-novas a Sião, sobe a um monte alto. Tu, anunciador de boas-novas a Jerusalém, levanta a tua voz fortemente; levanta-a, não temas, e dize às cidades de Judá: "Eis aqui o vosso Deus".

T: Eis que o Senhor Deus virá com poder, e o seu braço dominará por ele; eis que o seu galardão está com ele, e a sua recompensa diante dele. Como pastor ele apascentará o seu rebanho; entre os seus braços recolherá os cordeirinhos, e os levará no seu regaço; as que amamentam, ele as guiará mansamente.

Dir.: A profecia de Isaías é realizada por Jesus. Ele é o Pastor que carrega as ovelhas mais frágeis, leva-as ao colo e alimenta-as. No tempo de Jesus, as sinagogas desempenhavam um papel importante na formação da consciência, da cidadania e da identidade judaica. Elas nasceram no cativeiro da Babilônia e se espalharam pelos lugares onde os judeus residiam. Mesmo com a construção do Templo, as sinagogas mantinham viva a fé de Israel através do ensino das Escrituras, com ensinamentos de cunho exortativo e de consolação. Este era um espaço muito mais livre e popular do que o Templo, em Jerusalém.

Jesus é apresentado por Lucas como Messias-Mestre, aquele que faz o comentário do texto das Escrituras.

5. Leitura bíblica: Lc 4,16-22

Dir.: No século I, o anúncio de Jesus provocou um impacto na sinagoga. O resultado da primeira interpretação que Jesus fez sobre o ano jubilar foi devolver a esperança messiânica aos pobres. Para Jesus, o reinado de Deus chegou para os pobres.

L1: Jesus proclama a mudança total, depois da grande mudança que experimentou no Jordão, ao ser batizado e receber o Espírito Santo.

L2: O messianismo não é triunfalista nem nacionalista, como na tentação, mas consolo para os pobres e excluídos do sistema religioso.

L1: Jesus centra a homilia na inauguração do *Ano Aceitável do Santo*, afirmando: "Hoje se cumpriu aos vossos ouvidos esta passagem das Escrituras".

L2: O tempo da justiça chegou, a restauração está presente. Para Jesus, o ano favorável do Senhor consiste em anunciar boas-novas aos pobres, isto é, ações concretas que envolvem os planos: social, político, econômico e religioso. Isso significa:

T: Proclamar a libertação aos presos.

L1: Abrir os olhos aos cegos.

T: Restituir a liberdade aos oprimidos e proclamar o ano de graças do Senhor.

Dir.: Partilhemos as experiências que vivemos na Igreja e na comunidade, o hoje da salvação anunciada por Jesus.

6. Partilha da vida

7. Preces comunitárias

Dir.: Rezemos, em coros alternados, ao Espírito para que nos abra às suas inspirações:

T: Espírito de abertura infinita, vem abrir para o infinito as portas do nosso espírito e de nosso coração.

– Abre definitivamente o nosso coração e não permitas que tentemos fechá-lo.

– Abre nosso espírito ao mistério de Deus e à imensidade do universo.

– Abre nossa inteligência às vistas inebriantes da sabedoria divina.

– Abre nossos julgamentos à luz de teu julgamento, para não julgarmos ninguém.

– Abre nossa opinião para acolher os múltiplos pontos de vista diferentes dos nossos.

– Abre nossa simpatia à diversidade dos temperamentos e das personalidades que nos rodeiam.

– Abre nossa afeição a todos os que são privados de amor, a todos que reclamam conforto.

– Abre nossa caridade aos problemas do mundo, a todas as necessidades da humanidade.

– Abre nossa atividade à colaboração com todos os que trabalham para o mesmo fim.

T. Abre todo nosso ser, para tornar-se capaz de abraçar toda realidade. Amém!

8. Pai-Nosso

9. Bênção final

Que a terra abra caminhos sempre à frente dos teus passos
e que o vento sopre suave sobre teus ombros. **Amém!**

Que o sol brilhe sempre cálido e fraterno no teu rosto
e que a chuva caia suave entre teus campos. **Amém!**

E, até que tornemos a nos encontrar,
Deus te guarde no calor do seu braço;

E, até que tornemos a nos encontrar,
Deus te guarde, Deus nos guarde em seu abraço. **Amém!**

10. Oração final

7º dia

O Espírito de Deus
na comunidade cristã

1. Acolhida

Dir.: Bem-vindos, irmãos e irmãs, para mais um dia de nossa novena! Hoje refletiremos sobre as diferentes experiências vividas pelas comunidades primitivas. É uma grande riqueza perceber a consciência que os apóstolos e os fiéis tinham sobre a presença e a atuação do Espírito em seu meio.

Em geral, quando falamos do Espírito Santo vindo sobre a comunidade primitiva, logo nos vem à memória o dia de Pentecostes. Deixaremos essa reflexão para o último dia da novena, pois queremos que seja o ponto alto dos nossos encontros, com uma celebração ao redor da mesa.

Em nome do Pai... (pode ser cantado)

2. Abertura

– Verdadeiramente ressurgiu Jesus!
Cantemos aleluia! Resplandece a luz!

– Venham, ó nações, ao Senhor cantar,
ao Deus do universo venham festejar!

– Seu amor por nós, firme para sempre,
sua fidelidade dura eternamente!

– Venham e cantemos com muita alegria,
Espírito divino brilhou neste dia!

(acendem-se as velas)

– O amor de Deus em nós derramado,
qual Mãe consoladora, já nos foi doado.

– Tua luz, Senhor, clara como o dia,
é chama que incendeia e traz alegria.

(oferta-se incenso ou ervas cheirosas)

– Suba nosso incenso a ti, ó Senhor,
nesta vigília santa, oferta de amor!

– Nossas mãos orantes, para os céus subindo,
cheguem como oferenda ao som deste hino!

– Glória ao Pai e ao Filho e ao Santo Espírito!
Glória à Trindade Santa, glória ao Deus bendito!

– Aleluia, irmãs, aleluia, irmãos!
Suba do mundo inteiro a Deus louvação!

Dir.: Como a comunidade primitiva se reuniu com Maria, a Mãe de Jesus, na espera do Espírito Santo, cantemos pedindo ao Pai e ao Filho que nos mande o Espírito, para viver e anunciar a mensagem do Evangelho.

3. Canto: "Nós estamos aqui reunidos, como estavam em Jerusalém..."

4. Oração bíblica

Dir.: Nossa oração bíblica de hoje será uma retomada de textos do Novo Testamento que falam sobre o Espírito Santo presente nas comunidades. Algumas pessoas podem ler espontaneamente ou em coros alternados:

L1: A criação inteira geme e sofre as dores de parto até o presente. E não só ela, mas também nós, que temos as primícias do Espírito, gememos interiormente, suspirando pela redenção do novo corpo (Rm 8,22-23).

T: Quem não nascer na água e no Espírito não pode entrar no Reino de Deus (Jo 3,5).

L2: Se alguém tem sede, venha a mim e beba; de seu seio jorrarão rios de água viva (Jo 7,37-38).

L1: Tendo terminado a oração, tremeu o lugar onde se encontravam reunidos. E todos ficaram repletos do Espírito Santo, continuando a anunciar com intrepidez a Palavra de Deus (At 4,31).

L2: "Sucederá nos últimos dias", diz Deus, "que derramarei do meu Espírito sobre toda carne. Vossos filhos e vossas filhas profetizarão, vossos jovens terão visões e vossos velhos sonharão" (At 2,17; Jl 3,1).

L1: Todos os que são conduzidos pelo Espírito são filhos de Deus. Recebestes um espírito de filhos adotivos, pelo qual clamamos: *"Abbá*! Pai!" (Rm 8,14-15).

L2: A nós, Deus revelou Jesus pelo Espírito, pois o Espírito sonda todas as coisas, até mesmo as profundidades de Deus (1Cor 2,10).

L1: O Espírito socorre a nossa fraqueza, pois não sabemos o que pedir como convém; mas o próprio Espírito intercede por nós com gemidos inefáveis (Rm 8,26-27).

L2: Não sabeis que sois templo de Deus e que o Espírito de Deus habita em vós? (1Cor 3,16).

L1: Há diversidade de dons, mas o Espírito é o mesmo; diversidade de ministérios, mas o Senhor é o mesmo; diversidade de ações, mas é o mesmo Deus que realiza tudo em todos. É o único e mesmo Espírito que isso tudo realiza, distribuindo a cada um os dons, conforme lhe apraz (1Cor 12,4.5.6.11).

L2: Onde se acha o Espírito, aí está a liberdade (2Cor 3,17).

Dir.: A preocupação de Paulo ao falar dos dons é a unidade que a Igreja deve manter mesmo considerando a diversidade dos carismas. Em 1Cor 12,27-30, Paulo fala que Deus escolheu em primeiro lugar os que garantem a fé na comunidade: os apóstolos, os profetas e os doutores; depois vêm os que ajudam os irmãos e, finalmente, os que governam ou coordenam, porque estes devem respeitar a diversidade dos carismas e ajudar a manter unida a comunidade.

5. Leitura bíblica: 1Cor 12,1-11

Dir.: Em geral, nossas comunidades não sabem trabalhar com a unidade e a diversidade das pessoas e de seus carismas. Considerando a leitura que acabamos de ouvir e os textos do Novo Testamento, partilhemos as dificuldades e as superações nas ações de nossa comunidade ou as atuações do Espírito na Igreja, no mundo de hoje.

6. Partilha da vida

7. Preces comunitárias

Dir.: O Espírito Santo se manifesta por meio de símbolos de potência irresistível, como o fogo, a tempestade e o terremoto. Ele é força que vem do alto. Força criadora e transformadora que não conhece limites de tempo nem de espaço, mas age em profundidade e de modo irresistível.

T: A presença do Espírito Santo garante a unidade da história da salvação e a continuidade entre Jesus e a Igreja. Ele guia os discípulos de Jesus para que possam dar testemunho dele e anunciar sua mensagem de salvação.

Voz 1: Jesus recebeu o Espírito no momento do Batismo. Pentecostes se torna o Batismo dos seguidores de Jesus. Este é o Batismo de fogo, o Batismo do Espírito.

T: O efeito imediato da recepção do Espírito é uma transformação interna que produz externamente uma nova capacidade de comunicação: anunciar as maravilhas de Deus.

Dir.: O dom do Espírito era celebrado nas primeiras comunidades no momento da fundação de uma comunidade ou de seu crescimento pela adição de um grupo. Rezemos em coros alternados.

– O Espírito é a origem e o princípio da vida nova e da ação. Ele é o Espírito de santidade que permite e ajuda a realizar a vontade de Deus.

– Ele é o Espírito de santidade que é infundido na vida do povo de Deus para dinamizar a conversão que leva à união e ao serviço do Deus vivo.

– Ele é o Espírito da verdade, o Mestre interior que guia à plenitude da verdade do Filho no seio do Pai (Jo 16).

– O Espírito leva as pessoas a existirem de maneira diferente do mundo e a agir segundo a sua vontade. Ele vem de modo interior para esclarecer e fortalecer a pessoa humana.

– Todos os cristãos recebem o Espírito no Batismo. Todos são transformados em nova criatura, e os que vivem do Espírito são chamados de homens e mulheres espirituais.

– Receber o Espírito significa viver dos seus dons. Muitos são os dons pessoais, mas, dentre eles, o amor supera a todos.

8. Pai-Nosso

9. Bênção final

Que o Divino Espírito nos abençoe e nos proteja,
encha nossos pés de dança e nossos braços de força,
cumule nosso coração de ternura e nossos olhos de alegria,
povoe nossos ouvidos de música e nossas narinas de perfume.

Que a Divina *Ruah* nos conceda a serenidade das montanhas,
o frescor das águas, a leveza da brisa, a luminosidade do sol,
o brilho da lua e a paz do infinito.

Que o Espírito de sabedoria inunde nossa boca de júbilo
e nossa alma de felicidade.
Conceda-nos sempre os dons do deserto: silêncio, confiança
e água pura;
infunda em nós novas energias para dar um rosto
de esperança ao nosso mundo.

Que a divina luz do Espírito esteja atrás de nós
para nos proteger,
ao nosso lado para nos acompanhar, dentro de nós
para nos consolar,
a nossa frente para nos guiar e acima de nós
para nos abençoar.

Que tua bênção, Senhor, nos ilumine! Tua face, Senhor,
sobre nós brilhe!
Teu poder encerra paz e retidão. Bênçãos e frutos por todo
esse chão!

10. Oração final

8º dia

O Espírito de Deus na abertura além-fronteiras

1. Acolhida

Dir.: Bem-vindos, irmãos e irmãs, para o penúltimo dia de nossa novena! A reflexão que fizemos nos dias passados mostrou que a experiência do Espírito confere à comunidade a certeza de que entrou numa vida nova. Nasceu de novo (Jo 3), passou pelo Batismo do Espírito (Jo 1,33), vive a efusão do Espírito prometido (Jo 7,39). A Igreja nasceu do Espírito. O próprio Jesus Ressuscitado prometeu o Espírito Santo a seus discípulos, para que fossem suas testemunhas em Jerusalém, em toda a Judeia e na Samaria, e até os confins da terra (At 1,8). O horizonte da missão deve romper os estreitos espaços de Israel e avançar para todas as partes do mundo. Iniciemos nosso encontro, invocando a Trindade Santa.

Em nome do Pai... (pode ser cantado)

2. Abertura

– Verdadeiramente ressurgiu Jesus!
Cantemos aleluia! Resplandece a luz!

– Venham, ó nações, ao Senhor cantar,
ao Deus do universo venham festejar!

– Seu amor por nós, firme para sempre,
sua fidelidade dura eternamente!

– Venham e cantemos com muita alegria,
Espírito divino brilhou neste dia!

(acendem-se as velas)

– O amor de Deus em nós derramado,
qual Mãe consoladora, já nos foi doado.

– Tua luz, Senhor, clara como o dia,
é chama que incendeia e traz alegria.

(oferta-se incenso ou ervas cheirosas)

– Suba nosso incenso a ti, ó Senhor,
nesta vigília santa, oferta de amor!

– Nossas mãos orantes, para os céus subindo,
cheguem como oferenda ao som deste hino!

– Glória ao Pai e ao Filho e ao Santo Espírito!
Glória à Trindade Santa, glória ao Deus bendito!

– Aleluia, irmãs, aleluia, irmãos!
Suba do mundo inteiro a Deus louvação!

Dir.: Ser conduzido pelo Espírito para a missão é sempre uma surpresa: povo que muitas vezes não conhecemos, ou que ainda não é cristão, nos vem ao encontro, nos recebe como família querida, confia em nós, nos dá força e nos pede para anunciar o que vivemos. Esse povo em movimento vem até nós e se transforma em parceiro-sujeito da mesma missão. Com esse povo, caminhamos para novas fronteiras, anunciando a Boa-Nova de Jesus.

3. Canto: "Senhor e criador, que és nosso Deus"

4. Oração bíblica

Dir.: Rezemos, em coros alternados, o Salmo 111,1-10, com o coração agradecido pelas grandes obras do Senhor, que acontecem pela colaboração humana, mas sob a inspiração de Deus.

T: Aleluia! Darei graças ao Senhor de todo o coração, na reunião da congregação dos justos.

L1: Grandes são as obras do Senhor; nelas meditam todos os que as apreciam.

L2: Os seus feitos manifestam majestade e esplendor, e a sua justiça dura para sempre. Ele fez proclamar as suas maravilhas; o Senhor é misericordioso e compassivo.

L1: Deu alimento aos que o temiam, pois sempre se lembra de sua aliança. Mostrou ao seu povo os seus feitos poderosos, dando-lhe as terras das nações.

L2: As obras das suas mãos são fiéis e justas; todos os seus preceitos merecem confiança. Estão firmes para sempre, estabelecidos com fidelidade e retidão.

L1: Ele trouxe redenção ao seu povo e firmou a sua aliança para sempre. Santo e temível é o seu nome!

T: O temor do Senhor é o princípio da sabedoria; todos os que cumprem os seus preceitos revelam bom senso. Ele será louvado para sempre!

Dir.: A narrativa do encontro de Pedro e Cornélio nos faz ver que a missão é um ir e vir: são uns que vão e outros que vêm; é partida e chegada, chegada e partida renovada; é um receber e dar. É caminho. Encontro. O ir e vir fomenta a unidade na diversidade, promove o crescimento, relativiza e liberta a instituição. Esse movimento é o ponto nevrálgico em que a Igreja, constantemente, ou cresce dando um passo a culturas e tempos diferentes, ou se atrofia na própria instituição. Pedro, impulsionado pelo Espírito, entra na casa de um pagão, anuncia-lhe a Palavra e, ao sentar-se a sua mesa, demonstra que tempos novos chegaram e, com eles, o fim de qualquer discriminação e privilégio. Voltando a Jerusalém, é questionado pela Igreja local por ter violado a lei religiosa. Ouçamos.

5. Leitura bíblica: At 11,1-18

Dir.: A narrativa do encontro de Pedro e Cornélio (At 10,1– 11,18) ocupa lugar central no livro dos Atos dos Apóstolos. Ela quer nos ajudar a perceber os caminhos do Espírito.

L1: A ruptura entre o Evangelho e a cultura é o drama da nossa época (*Evangelii Nuntiandi*, 20). Pedro, por ordem do Espírito, aceitou infringir uma prescrição sobre a própria cultura (10,28). Hoje, ter fé na criação de Deus significa reconhecer a Palavra de Deus nas diferentes culturas, impedir a destruição de povos e culturas, promover na humanidade o encontro e a relação entre as culturas e o diálogo das religiões.

L2: O Reino de Deus foi anunciado como um banquete preparado para todos os povos (Is 25,6-8). Alguns dos sinais mais significativos de Jesus foi "partir o pão" (Lc 24,35) e comer com pessoas consideradas "impuras" (Mt 9,11). A mesa revelou que "não havia necessitados entre eles" (At 4,34). Se falta comunhão de mesa, a missão fracassa. A missão converge na *koinonia*, ou seja, na construção da humanidade à imagem da Trindade.

L3: A missão às nações não é, em primeiro lugar, mérito nem dos apóstolos nem dos evangelizadores. Ela é iniciativa de Deus-Trindade, e movimento de toda a Igreja. Nessa perspectiva, temos que salientar mais o "vir e ir" do que o "ir e vir". O enviado, primeiramente, é chamado.

L4: O conteúdo do anúncio missionário é Jesus Cristo crucificado e ressuscitado. É preciso visibilizar a crucifixão e a ressurreição. Evangelizar é anunciar os fatos em que enxergamos

Deus vencendo a opressão e libertando seu povo. Missão é tornar visível o sofrimento invisível dos inocentes. A ressurreição de Jesus tornou para sempre visível a sua crucifixão. Páscoa é a resposta de Deus ao grito de Jesus na cruz e ao grito de todos os oprimidos. Hoje, anunciar Jesus Cristo é tornar visível e reconhecer como caminho de salvação o sofrimento dos inocentes.

Dir.: Partilhemos as experiências que revelaram as práticas que temos em relação à missão que desenvolvemos.

6. Partilha da vida

7. Preces comunitárias

Dir.: Rezemos em coros alternados:

T: Vinde, Espírito Santo, e enviai do céu um raio de vossa luz!

– Vinde, Pai dos pobres, vinde, Distribuidor dos bens, vinde Luz dos corações!

– Consolador ótimo, Doce hóspede das almas e Suave refrigério.

– Nos trabalhos sois o repouso, no calor o frescor, nas lágrimas a consolação.

– Ó luz beatíssima, inflamai o íntimo do coração dos vossos fiéis!

– Sem a vossa graça, nada há no homem, nada de inocente.

– Lavai o que é sórdido, regai o que é seco, sarai quem está ferido.

– Dobrai o que é duro, abrasai o que é frio e reconduzi o desviado.

– Concedei aos vossos servos, que em vós confiam, os sete dons sagrados.

– Dai-lhes o mérito das virtudes, o êxito da salvação e a alegria perene. Amém!

T: Vinde, Espírito Santo, e enviai do céu um raio de vossa luz!

8. Pai-Nosso

9. Bênção final

Que Deus Todo-poderoso vos livre sempre de toda adversidade e derrame sobre vós o Espírito Consolador e as suas bênçãos. Amém!

Torne os vossos corações atentos à sua justiça, a fim de que transbordeis de alegria divina. Amém!

Assim, abraçando o bem e a justiça, possais correr sempre pelo caminho dos mandamentos divinos e tornar-vos co-herdeiros dos santos. Amém!

Abençoe-vos, Deus, cheiro de misericórdia, Pai e Filho e Espírito Santo. Amém!

10. Oração final

9º dia

Celebração comunitária: nós e o Espírito ao redor da mesa

Dir.: Bem-vindos, irmãos e irmãs, à celebração de Pentecostes! Esta é uma festa muito antiga que passou por várias transformações até chegar ao cristianismo. Vamos resgatar essa tradição, procurando entender o significado das suas transformações como experiência de amadurecimento na fé. Ela passa de uma celebração de colheita, realizada pelos camponeses de Canaã, para a comemoração da Aliança de Deus com seu povo no Sinai; momento em que Deus indica os caminhos para chegar à terra onde corre leite e mel, e culmina, para nós cristãos, no dom do Espírito.

Iniciemos a celebração acendendo duas velas, acompanhada de uma oração de bênção.

(Uma mãe de família acende as velas e reza:)

Mãe: Adorado sejas tu, Senhor nosso Deus, Soberano do universo, que nos santificaste com teus mandamentos e nos mandaste acender as luzes nesta festa de Pentecostes. Eu rezo para que a luminosidade destas luzes possa inspirar-nos e trazer-nos alegria espiritual e promessas para todos nós. Amém!

T: Adorado sejas tu, Senhor nosso Deus, Soberano do universo, que nos trouxeste vida, nos sustentaste e nos permites celebrar este dia de alegria!

Dir.: O Senhor está vivo, presente entre nós. Somos comunidade convocada pela Trindade, convidados a louvá-la por tudo que realiza no mundo, na história e em nossas vidas. Vamos saudá-la!

Canto: "Em nome do Pai..."

Dir.: A festa de Pentecostes tem uma longa tradição na História, mesmo antes da escolha do povo de Israel como povo de Deus. Na verdade, ela faz parte da história da humanidade. Queremos hoje fazer memória das raízes dessa celebração, depois assumida pela tradição judaica.

Buscar as origens, fazer memória da fé de nossos pais e mães, permite-nos um retorno à fonte, ao significado mais profundo de suas vidas.

Voz 1: Fazer memória significa penetrar o sentido do agir de Deus na História, possibilitando o confronto com nossa realidade. Voltar às raízes significa tocar a experiência do Espírito que age em todas as culturas.

Voz 2: Só conhecendo as estradas do passado poderemos encontrar o sentido do que celebramos e descobrir o caminho da sabedoria e da vida.

Dir.: Inicialmente, a celebração tinha um caráter agrícola das primícias ou dos primeiros frutos do solo. A "Festa da Colheita" era uma festa de Canaã. O contato do homem antigo com a natureza acontecia em relação com o divino. A fertilidade ou não do solo ou dos animais era vista como uma bênção ou maldição. O culto da fertilidade e os sacrifícios eram uma forma de aplacar a divindade e pedir a bênção. O culto cananeu era voltado para Baal e Asherá, sua esposa, considerados deuses da fertilidade. A terra era árida, difícil de ser cultivada, e toda colheita era celebrada com muita festa e alegria ao deus Baal, que tinha oferecido tamanha bênção.

(Durante o canto, trazer terra, trigo, cana, uva)

Canto: "Debulhar o trigo..."

Dir.: O culto a Baal tornou-se um problema para os hebreus, quando entraram na terra. Eles tinham recebido de Deus a promessa de uma "terra onde corre leite e mel". A convivência muito próxima entre os hebreus e o povo de Canaã, bem como a organização da vida na nova terra, levou o povo de Deus a integrar a festividade da colheita em sua história. Com isso, na festa eram oferecidos a Deus dois pães assados, a partir da colheita dos primeiros grãos.

T: O povo tinha recebido a promessa de uma "terra onde corre leite e mel", e a promessa estava se realizando.

V1: Na tradição bíblica, esta festa é uma das três festas de peregrinação (Páscoa, Pentecostes e das Tendas). A festa da Páscoa prepara a de Pentecostes. Uma não pode existir sem a outra. Ambas se enquadram no tempo da ceifa. A festa da Páscoa somente atinge sua plenitude se completada com Pentecostes. Esta é o encerramento, a conclusão da Páscoa.

(Durante o canto, trazer uma jarra com leite e mel)

Canto: "O pão sofrido da terra na mesa da refeição..."

Dir.: A festa, em hebraico, tem vários nomes:

– *Festa da Messe* (*Hag Qâsir*): "Guardarás a festa da messe, das primícias dos teus trabalhos de semeadura nos campos" (Ex 23,16).

– *Festa das Semanas* (*Shavuot*): "Contareis cinquenta dias até o dia seguinte ao sábado" (Lv 23,15-16). No Deuteronômio, a Festa das Semanas traz uma novidade: é celebrada em honra de Deus (Dt 16,10). Ela conserva o mesmo caráter agrícola.

– *Festa das Primícias* (*Yom há-bikkurim* – Lv 23,15-16).

Dir.: Ouçamos o que Deus pede ao povo depois de seu estabelecimento na terra.

L1: Leitura de Dt 26,1-4

(Oferta das primícias: vinho, dois pães, frutas, legumes)

Canto: "Nesta mesa da irmandade..."

Dir.: Depois da entrega dos dons, o povo fazia memória da atuação de Deus na sua história, dizendo:

L2: Leitura de Dt 26,5-10

V2: O sentido da festa agrícola era a responsabilidade de realizar a justiça e a solidariedade no meio do povo, sem as quais os frutos da terra deixam de ser bênção e se transformam em maldição.

Dir.: O povo de Israel, tendo a consciência que tudo é criação do único Deus e que tudo está sob seu domínio, também teve consciência de que tudo era um "dom" divino. A terra, a chuva, o fruto da terra são uma bênção de Deus, principalmente para com seu povo eleito. Shavuot era, para o povo de Israel, o momento de dizer a Deus que tudo é sua obra e que o povo da aliança se sente agradecido por ter sido lembrado, ter sido tratado com carinho, ter dado a terra e a chuva. O Salmo 65 expressa bem esses sentimentos. Rezemos, em coros alternados:

– É justo, ó Deus, que o povo te louve no monte Sião
e te dê o que prometeu, pois tu respondes às orações.

– Pessoas de toda parte virão te adorar por causa dos seus pecados.
As nossas faltas nos deixam derrotados, mas tu nos perdoas.

– Como são felizes aqueles que tu escolhes,
aqueles que trazes para viver no teu Templo!

– Nós ficaremos contentes com as coisas boas da tua casa,
com as bênçãos do teu santo Templo.

– Ó Deus, tu nos respondes, dando-nos a vitória,
e fazes coisas maravilhosas para nos salvar.

– Os povos do mundo inteiro, até os dos mares distantes,
põem a sua esperança em ti.

– Com teu poder, puseste as montanhas no lugar,
mostrando assim a tua força poderosa.

– Tu acalmas o rugido dos mares e o barulho das ondas,
tu acalmas a gritaria dos povos.

– Por causa das grandes coisas que tens feito,
o mundo todo está cheio de espanto.

– Por causa das maravilhas que tens feito,
há gritos de alegria de um lado da terra ao outro.

– Fazendo chover, mostras o teu cuidado pela terra
e a tornas boa e rica.

– Com as chuvas do céu, enches de água os rios,
e assim a terra produz alimentos, pois para isso a preparaste.

– Regas com muitas chuvas as terras aradas,
e elas ficam amolecidas pela água.

– Com as chuvas, amacias bem as terras,
e por isso crescem as plantações.

– Como é grande a colheita que vem da tua bondade!
Por onde passas, há fartura.

– Os pastos estão cobertos de rebanhos,
e os montes se enchem de alegria.

– Os campos estão cobertos de carneiros,
e os vales estão cheios de trigo. Tudo grita e canta de alegria.

V1: O salmo fornece uma imagem precisa da relação de Deus com seu povo, abençoando seus trabalhos; bênção que é a própria ação divina, ou seja, Deus que trabalha com o homem, participando do suor e do trabalho humano.

V2: Oferecer os dons da terra e do trabalho humano era agradecer ao Criador da terra que abençoa cada ano a sua criatura com os frutos da terra. A festa de Shavuot tornou-se a chave de leitura mais importante para entender o que é a Torá para Israel, ou seja, o maior dom divino para o povo.

Dir.: Depois da destruição do Templo, pela Babilônia, a festa de Pentecostes perde o sentido agrícola. A celebração assume novo sentido: faz memória de outra primícia, não mais aquela oferecida pelo homem a Deus, mas a que Deus oferece à humanidade: sua Palavra contida na Torá.

O fato de a festa do dom da Torá ser tardia na tradição não diminui sua importância. Amadurecendo o significado da festa de Shavuot no seu vínculo com a Páscoa, Israel percebe o alcance da festa do dom da Torá. No plano da história da salvação, é uma passagem da libertação exterior para a libertação interior; libertação de um jugo humano que escraviza para, voluntariamente, aceitar o jugo de Deus, o jugo da Torá que liberta.

Canto: "Tua palavra é lâmpada para meus pés, Senhor, lâmpada para meus pés, Senhor, luz para meu caminho". (*bis*)

(Entra a Bíblia e é colocada no meio dos produtos trazidos anteriormente)

Dir.: A terra onde "mana leite e mel" não é a terra geográfica de Canaã, mas a terra teológica, isto é, aquela na qual se vive de acordo com a Aliança, de acordo com a Torá. É a vivência da Aliança, o coração da Torá, que possibilita que a terra mane "leite e mel". É a Aliança que produz frutos abundantes de justiça e solidariedade para alegria de todos, e não para satisfação de alguns.

V1: A Torá não cerceia a autonomia da pessoa, mas lhe possibilita a plena liberdade.

T: A Torá é o melhor fruto dado por Deus a todos, em especial ao povo de Israel, que a recebeu das mãos do próprio Deus.

V2: A ligação entre a colheita e a Torá é importante porque ajuda a compreender como elas obedecem a uma mesma lógica teológica: o reconhecimento de Deus como benfeitor da terra e Senhor da História.

Dir.: Na primeira noite de Pentecostes, os judeus de todo o mundo cumprem o costume milenar de dedicar toda uma noite ao estudo da Torá. A tradição judaica relata que Deus apareceu no monte Sinai ao nascer do dia para pronunciar os Dez Mandamentos, mas o povo não se levantou cedo. Foi necessário que Deus o despertasse. Para ratificar essa falha, os homens permanecem acordados na primeira noite de Pentecostes, recitando passagens da Torá. Ouçamos.

L3: Leitura de Ex 20,1-17

V1: Os Mandamentos foram dados por Deus para que o povo pudesse construir uma nova sociedade, fundada no direito, na justiça e na solidariedade para com os pobres.

V2: O dom da Torá não é um momento que vem depois da libertação do Egito. É sua razão interna. Deus faz o povo sair do Egito para oferecer-lhe a Aliança.

T: Bendito sejas, Senhor nosso Deus, Rei do mundo! Tu nos santificas pelos teus mandamentos e nos ordenas que nos ocupemos com as palavras da Torá. Torna agradáveis, Senhor nosso Deus, as palavras da Torá na nossa boca e na boca de teu povo, para que nós, nossos descendentes e os descendentes da casa de Israel, todos nós, conheçamos teu nome e estudemos tua Torá. Bendito sejas, Senhor! Tu que ensinas a Torá a teu povo.

V1: A Aliança com Deus fundamenta a aliança entre as pessoas. São as novas relações, ensinadas por Deus, que possibilitam ao povo entrar e gozar da terra onde "corre leite e mel". Vivendo a Aliança e estabelecendo relações justas e solidárias, a terra produzirá seus frutos e a alegria estará com todos.

Todos: Escuta, Israel! Escuta, Israel! Só Deus, nosso Deus, é o Senhor! O Senhor.

V2: Quando na terra a gente, afinal, entrar,
com Deus vamos ocupar,
plantar, colher construir: que alegria!
Mas é preciso ter sempre viva a memória
e celebrar nossa história:
Javé foi quem nos tirou da agonia!

Quando amanhã, seu filho, te perguntar:
"Por que isto celebrar?
As leis, um projeto assim, o que há de novo?",
tu vais contar a história da escravidão, da luta e libertação,
com Deus e co'a união do nosso povo.

T: Escuta, Israel! Escuta, Israel! Só Deus, nosso Deus, é o Senhor! O Senhor.

L4: Leitura de Rt 1,8-18

Dir.: O livro de Rute é lido por ocasião da festa de Pentecostes por dois motivos: pelo fato de nele se falar de ceifa e de messe; e, principalmente, pelo fato de a protagonista ser uma estrangeira. Essa narração tem a intenção de sublinhar o universalismo do pentecostes judeu, isto é, a Torá, embora tenha sido dada a Israel, é para todos; sua promessa vale também para os pagãos. Rute, deixando-se inspirar pela Torá, testemunhou aquilo que traz de mais importante: o amor, a bondade, a humildade. O livro de Rute transcende Israel e se dirige principalmente às nações, a todo ser humano, criado à imagem e semelhança de Deus, que é amor. Ela diz:

T: Teu povo será o meu povo e teu Deus será o meu Deus.

V1: Mas há ainda outra razão para a escolha do livro de Rute: "Para ensinar que a Torá só é dada através da pobreza e do sofrimento...". A Torá é a verdadeira resposta à "fome", sendo a única capaz de vencê-la.

T: A "comida à vontade" para todos só existirá onde a vida for pautada na Torá, nos mandamentos da Aliança. Jesus realizou esse sonho quando partiu o pão com a multidão.

Canto: "Bastariam dois pães e dois peixes e o milagre do amor..."

(Neste momento, pode ser servido o jantar ou o lanche)

Dir.: Até antes do jantar, consideramos a celebração de Pentecostes na tradição de Israel. Daremos agora um passo fundamental para rezar sobre o significado dessa festa para a comunidade cristã.

Jesus, ao garantir que seus discípulos não ficariam sós, queria oferecer a seus seguidores o que possuía de mais precioso: o Espírito Santo. Celebrar Pentecostes significa fazer memória do dom mais precioso que recebemos de Deus: o Espírito do Pai e do Filho. Aqui, Deus revela que seu amor não tem limites. Celebrar Pentecostes é celebrar a ação do Espírito na história da humanidade, na vida da comunidade cristã e na vida de cada um de nós.

Canto: "Nós estamos aqui reunidos, como estavam em Jerusalém..."

V2: O Espírito está na origem da criação. Deus criou tudo pelo Espírito, e o Espírito foi criador.

V1: Desde o início, o Espírito manifestou-se como capacidade de ação. É força para produzir ação. Essa ação é a favor do povo e da comunidade.

T: Tudo que o Espírito produz neste mundo converge para o mesmo fim: a comunhão e a vida.

Dir.: O relato de Lucas não pertence ao gênero histórico, mas ao gênero midráxico, que consiste em releitura e atualização de textos das Escrituras. Lucas faz um paralelo com a páscoa judaica e os acontecimentos do Sinai: a morte e ressurreição de Jesus coincidem com a páscoa judaica; o dom o Espírito corresponde à aliança e ao dom da Lei no Sinai, cinquenta dias depois da Páscoa.

L5: Leitura de At 2,1-12

Dir.: Receber o Espírito Santo é dom e compromisso. Nós não o recebemos para guardá-lo numa espiritualidade intimista, mas para realizar a vocação à qual fomos chamados.

V2: O dom do Espírito é o cumprimento da promessa de Jesus: "Vós sereis batizados com o Espírito Santo. E dele receberão força para ser as minhas testemunhas em Jerusalém, em toda a Judeia e Samaria, e até os extremos da terra" (At 1,5.8).

T: O dom do Espírito é a vida nova na fé, no amor e na esperança. O Espírito garante que, pela fé, penetramos na vida da Trindade e vivemos de seu amor (Rm 8,10-17).

Canto: "Senhor e Criador que és nosso..."

(Durante o canto, todas as pessoas acendem suas velas)

V1: O Espírito Santo se manifesta por meio de símbolos de potência irresistível, como o fogo, a tempestade e o terremoto. Ele é força que vem do alto. Força criadora e transformadora que não conhece limites de tempo nem de espaço, mas age em profundidade e de modo irresistível.

T: A presença do Espírito Santo garante a unidade da história da salvação e a continuidade entre Jesus e a Igreja. Ele guia os discípulos de Jesus para que possam dar testemunho dele e anunciar sua mensagem de salvação.

V2: Jesus recebeu o Espírito no momento do Batismo. Pentecostes se torna o Batismo dos seguidores de Jesus. Este é o Batismo de fogo, o Batismo do Espírito.

T: O efeito imediato da recepção do Espírito é uma transformação interna que produz externamente uma nova capacidade de comunicação: anunciar as maravilhas de Deus.

Dir.: O dom do Espírito era celebrado nas primeiras comunidades, no momento da fundação de uma comunidade ou de seu crescimento pela adição de um grupo. Rezemos em coros alternados:

L1: O Espírito é a origem e o princípio da vida nova e da ação. Ele é o Espírito de santidade que permite e ajuda a realizar a vontade de Deus.

L2: Ele é o Espírito de santidade que é infundido na vida do povo de Deus, para dinamizar a conversão que leva à união e ao serviço do Deus vivo.

L1: Ele é o Espírito da verdade, o Mestre interior que guia à plenitude da verdade do Filho no seio do Pai (Jo 16).

L2: O Espírito leva as pessoas a existirem de maneira diferente do mundo e a agir segundo a sua vontade. Ele vem de maneira interior para esclarecer e fortalecer a pessoa humana.

L1: Todos os cristãos recebem o Espírito no Batismo. Todos são transformados em nova criatura, e os que vivem do Espírito, são chamados de homens e mulheres espirituais.

L2: Receber o Espírito significa viver dos seus dons. Muitos são os dons pessoais, mas, dentre eles, o amor supera a todos.

Dir.: Com grande alegria, celebremos a glória de Deus que, ao chegar o dia de Pentecostes, deu aos apóstolos a plenitude do Espírito Santo. Cheios de entusiasmo, supliquemos a Deus que derrame em nosso coração seu Espírito maternal, rezando com Maria e os apóstolos:

T: Envia teu Espírito, Senhor, e renova a face da terra!

L1: Vós, que no princípio criastes o céu e a terra e, na plenitude dos tempos, recriastes todas as coisas por meio de Jesus Cristo, renovai continuamente, pelo vosso Espírito, a face da terra e salvai a humanidade.

L2: Vós, que infundistes o sopro da vida no rosto de Adão, enviai o vosso Espírito à Igreja para que, vivificada e rejuvenescida, comunique vossa vida ao mundo.

L3: Iluminai todos os seres humanos com a luz do vosso Espírito e afastai para longe as trevas do nosso tempo, para que o ódio se transforme em amor, o sofrimento em alegria e a guerra em paz.

L4: Purificai o gênero humano com a água viva do Espírito, que brota do coração de Cristo, e curai as feridas de nossos pecados.

Dir.: Professemos nossa fé no Espírito Santo, rezando: "Creio no Espírito Santo...".

T: Creio no Espírito Santo, "Senhor e doador de vida"!

Creio que ele nos fez renascer nas águas do Batismo e nos constituiu filhos e filhas de Deus e irmãos e irmãs de Cristo Jesus.

Creio que, no sacramento da Confirmação, renovou em nós a graça de Pentecostes e, fortalecidos com sua unção, nos enviou como membros de um povo sacerdotal e profético para dar testemunho de Cristo no meio do mundo.

Creio que ele nos constituiu comunidade celebrante para glorificar a Deus Pai e para participar do mistério de Cristo por meio da oração e dos sacramentos.

Creio que ele torna sempre atual a Palavra de Deus, que se proclama em nossas celebrações, e faz brotar novas energias, para que a Palavra acolhida seja vivida no dia a dia.

Creio que ele nos anima a sermos testemunhas de Jesus, missionários e missionárias do Evangelho, em nossa família e em nossa sociedade.

Creio que ele é o autor e o animador de todas as iniciativas de amor, de unidade, de criatividade que existem na Igreja e no mundo. Amém!

Dir. (Oração): Olha, Senhor, tua família aqui reunida. Que o Espírito Santo nos ilumine e nos ensine a verdade completa de tua revelação. Dá-nos a unidade de todos os discípulos e discípulas de Jesus, como ele desejou. Pedimos isso em nome de Jesus, nosso Senhor. Amém!

Referências bibliográficas

ABREU, Manuel de Araújo. Cornélio e Pedro (At 10,1–11,18): missão como ir e vir. In: *Desafios missionários hoje*: reflexão de missionários do Verbo Divino por ocasião do centenário de sua chegada ao Brasil – 1995: ano do centenário. São Paulo: Loyola, 1995.

ARAUJO, Gilvan Leite de. *A festa de Shavuot* – The Feast of Shavuot. Disponível em: <http://www.franciscanos.org.br/?p=89137#sthash.edIPxe4a.dpuf.

BÍBLIA ALMEIDA. Revista e atualizada. Disponível em: <https://www.suabibliaonline.com.br/almeida-revista--e-atualizada>.

BÍBLIA DE JERUSALÉM. São Paulo: Paulus, 2002.

BOFF, Leonardo. *A Santíssima Trindade é a melhor comunidade*. Petrópolis: Vozes, 1988.

_____. *Ecologia*: grito da terra, grito dos pobres. 3. ed. São Paulo: Ática, 1999.

COMBLIN, José. *O Espírito Santo e a libertação*. 2. ed. Petrópolis: Vozes, 1988.

GALOT, J. *Preces ao Espírito Santo*. 5. ed. São Paulo: Paulinas, 1981.

GORGULHO, Gilberto; ANDERSON, Ana Flora. *Livres no Espírito*. São Paulo: Art-Color Ltda., 1998.

OFÍCIO DIVINO DAS COMUNIDADES. 10. ed. São Paulo: Paulus, 1994.

RICHARD, Pablo. *O movimento de Jesus depois da ressurreição*. São Paulo: Paulinas, 1999.

SANTE, Carmine Di. *Israel em oração*: as origens da liturgia cristã. São Paulo: Paulinas, 1989.

SÃO BASÍLIO, bispo (séc. IV). *Do livro sobre o Espírito Santo*: o Espírito vivifica (cap. 15,35-36: PG 32, 130-131). Ofício das Leituras. Segunda feira, 4ª semana do Tempo Pascal.

STORNIOLO, Ivo. Pentecostes: nascimento do novo povo de Deus. *Revista Pastoral*.

Rua Dona Inácia Uchoa, 62
04110-020 – São Paulo – SP (Brasil)
Tel.: (11) 2125-3500
http://www.paulinas.com.br – editora@paulinas.com.br
Telemarketing e SAC: 0800-7010081